I0191989

www.ingramcontent.com/pod-product-compliance
Lightning Source LLC
Chambersburg PA
CBHW051820090426
42736CB00011B/1569

9781939123183

این گربهٔ تاریک

سهیلا صارمی

شاعر : سهیلا صارمی
طرح روی جلد : روژین خداپرست
ناشر: Supreme Century
محل نشر: ایالات متحده آمریکا
شابک: ۹۷۸۱۹۳۹۱۲۳۱۸۳
سال نشر: ۱۳۹۲
آماده سازی برای نشر: آسان نشر
(www.asanashr.com)

© 2013 Soheila Saremi

کلیه حقوق مادی و معنوی محفوظ است.

بە: روجا و روژین

سهیلا صارمی

پژوهشگر و مدرس دانشگاه است که در آمریکا به سر می‌برد. از وی آثاری چند (کتاب و مقاله) در زمینهٔ ادبیات کهن و معاصر ایران به چاپ رسیده است. نخستین کتاب شعر او با نام *تقویم* در سال ۱۳۸۱ از سوی انتشارات کاروان منتشر شد. پس از آن نیز شعرهای دیگر وی در مجموعه های شعر و نشریه های گونه گون به چاپ رسیده است. اثر حاضر مدتی بس دراز در یکی از انتشارات در انتظارِ چاپ ماند تا سرانجام به انتشارات آمازون سپرده شد.

فهرست

آوازِمرضیه می خوانم برای مورچه ها

آن بالا روی درختِ سیب

آوازِمرضیه می خوانم برای مورچه ها

به مدرسه نمی رسم،

سیب های سبزِ کوچکِ کال

زودتر می رسند.

ماهِ خاکستری

ماهِ دیوانه!

ماهِ خاکستری!

می چَمی با من تا خانه

روشن می شود چشمِ گوشوار و انگشتری.

می خزی از روزن،

نمی خوابد چشم آبیَت،

از شوقِ همبستری.

ماهِ جن زده! ماهِ مجنون!

شصت و چار "ماه" دارد "مشتری"

در چشمِ دیوانه اما

تو از همه خوشتری.

ماهِ دیوانه!

ماهِ خاکستری!

کاش می آمدی

کاش می آمدی
گربه را می دیدی که برق می زند نگاهش
از شادی دیدارت
و بیدمشک را
که پف می کند کُرک هایش
زیرِ نگاهِ خریدارت.

کاش می آمدی
با بنفشه و پرِسیاوشان
به دیدارِ این بی دیدارت.

شبِ شبِ شب

شبِ شبِ شب های ظلمانی بود

ظلمِ سیاهِ نگاهت!

چه نگرستن بود آن؟

که از شمال تا جنوب

زاغانِ مهاجر

راهِ دیده بسته بودند؟

" ببر، ببر!

فروزانِ بشکوه در جنگل های شب..."

ویلیام بلیک

این گربهٔ تاریک

این گربهٔ تاریک

کنار دریاچهٔ پاره

نرمشِ بی صدای خود را می لیسد.

این گربهٔ تاریک،

رنگِ چشمانِ تو

سبزست

پاییزِ امسال.

این گربۀ تاریک،

فیلسوفِ کوچکِ بی نام

بالای لحظه می نشیند

میانِ بودن و نبودن.

کنارِ حوضِ کوچکِ آبی

روشنست آتش

میانِ این گربۀ تاریک.

این گربۀ تاریک

"محکوم به زیستنست"!

گرگانه تر از تو

گرگانه تر از تو
کسی به شهر نیامد.

برتنِ روباهان
دیگر نه پوستی وُ
نه پوستینی بر تن ما.

همانجا بمان

همانجا بمان

با گمانهٔ آسمان.

اینجا تو را دوباره نقش می زنم،

"آدمیانه،"

آن گونه که دوست می دارم!

سفر

از لابه لایِ قرمزها آبی پیدا بود
از پنجرهٔ قطار
بخار می کردم
در جادهٔ قرمز
یادِ او پیاده می رفت از آن سو.

درختِ آشیانهٔ من با من می آمد
میان قرمزها، سبزها، آبی ها
جست و خیزِ قهوه ای ها دیدنی بود.

این لحظه های روسپی

آ...ها...ی!

بیا تا گم شویم درین لحظه

فردا

چنارِ سرخِ کهنه وُ آن کلاغِ گرگ و میش

به رویِ خود نمی آورند که دیده اند ما را

یا آن اقاقیِ تازه سال

رو بر می گرداند

ازین دوتن که زیرِ سپیدش آرمیده اند.

آ...ها...ی... بیا!

تا بادهای سرد

"زرِ سرخ" را از حیاطِ خانه نرُفته اند

این لحظه های روسپی از آنِ ماست.

کجایی شهرِ خوابالودِ من؟

پاروها و رود ها عشق می بازند در وِنیز

اپرا می خوانند کشتی ها تا پگاه.

جایی برای خفتن نیست،

چراغان کرده اند شهرِ خدایان را خوشه های انگور

خنیاگران برای پنجره ها "اُوِرتور" می نوازند

فرشتگان موسیقی می نوشند با "لیکور."

مستی می خواند :"خوشگله با من بیا

بیا بریم بولونیا، کلیسای سَن دومِنیکو باسیلیکا،

بخوریم لیگوریا

خیست کنم با بوسه ها

نه نَگی ها! نه نَگی ها"!

کبوتر می بارد در میدانچهٔ آبی

عاشقانِ آبی

بوسه را در هوا می زنند

کفش ها و سنگفرش ها از هم دل نمی کنند!

کجایی شهرِ خوابالودِ من

با "هفت هزار سالگانِ" خاک اندود

و غرورِ برنزیِ خاموش ؟

کجایی؟

با بلبلانِ خموشیده،

انگورهایِ خوشیده، کبوترانِ پر کشیده؟

شهرِ خوابالودِ من!...

خانه ام را پنهان می کنم

خانه ام را پنهان می کنم

خونم را پنهان می کنم

جنونم را پشتِ بوته های "های بِس کِس" پنهان می کنم.

از تاریخ کاکتوس هایت خرسندی،

و نیم تنهٔ سوارانت را -که از کوه های دیروز سرازیر شدند-

جشن می گیری

دغدغه ات چراغانِ کاجِ کهنهٔ خانه است.

می پرسی خانه ات کجاست،

دروغ می گویم!

با جنونی که نمی دانی چیست.

خوش زبانیِ چشمانت

شرمِ سرخِ گونه ام را آبی می کند.

می گویی هر دو از یک مادریم

که شب هنگام

خفتنگاهِ ماهست وُ

گِردیِ پستانش پرندگان و ماهیان را شیر می دهد.

می گویم از کوه های اقاقیا آمده ام،

از ابری ترین آبی،

از سرخ ترین سپید.

کنارم می نشینی

و "سن جان"را به "کارون" پیوند می زنی!

کاکتوس هایت را می بوسم

و عکس می گیرم با کاجِ خانه ات.

کاکتوس ها ازینجا بوسه می فرستند

برای لاله عباسی ها در آنجا.

کرم ابریشم

آن گلولۀ تپندۀ ابریشمین،
آن شادیِ سبزِ بالدار
زیرِ کفل های خاردارِ گل کاغذی
شعری می خواند که فهم نمی کردم.

آن سبزینۀ روشنِ لغزان
در خرامِ آرامَش
از جادۀ ابریشم نگذشته بود هرگز!

چنین گفت

فیلسوفِ دیوانه اعلام کرده بود
"لحظهٔ ابدیِ اکنون" را!
ترانه می خواندم و گل ها می رقصیدند
گلدان های کوچک
بزرگ می شدند
سارها روی سیمِ نازکِ هوا...

ترانهٔ شرقی می خواندند گل های "های بِس کِس"
نمی آمدی، اما
ماندولین می زدند کولی ها
نخل های استوایی
کر بودند از جیغِ طوطی ها.

منتظرت نماندم،
فیلسوفِ دیوانه
مردنت را اعلام کرده بود
یازده هزار دریاچه فهمیده بودند.

مرا نبرده بود
طوفانِ "آیزاک!"
چشمانِ تو هم !
معجزه نبود این؟
یازده هزار دریاچه
ورق می خورد هر روز.

با کاکتوس های شاخدار آشتی بودم
رنگِ تازیانه نبود ترکهٔ درختِ بلوط
پروانه های هفت چشم
غریبه ام نخواندند
بنفش ها و آبی ها در پیِ نام نبودند.

مارهای سیاهِ استوایی

ویالنِ "یاحقی" گوش می کردند

دُم یاقوتی ها روی یک پا می خشکیدند

وقتی که "مرضیه" می خواند

اردک های فلوریدا قو می شدند.

کنار دریاچهٔ "آَپاپکا"

از تابلوِ پیکاسو زیباتر بودیم

من و تمساحان میانِ خز-آب ها.

خنده دار نیست؟

نه من بوده ام، نه تو!

ویالنِ "یاحقی"

سنجاقک ها را در هوا فروکرده بود.

فیلسوفِ دیوانه
هذیان هایش آلپ را لرزانده بود.

در عروسیِ ما
گل ها دیده می شدند،
زرورق ها اگر می مردند.

گربه ها بزرگترین فیلسوفان بودند
سبزینه های روشنِ شب
سکوت های زیرکِ موقّر.

"در لحظه" مرده بود صوفیِ دیوانه
وقتی به رقص می آمد،
سرو و چنار و ناروَن سرخ می شدند
یازده هزار دریاچه مرده بودند.

پروانه می شدند هذیان ها

آستین هایش را غذا می خوراند فیلسوفِ دیوانه.

عنکبوت ها تنیده بودند

سخت ترین نخِ دنیا را

برای خرخره اش

کف می زدند خرچنگ ها.

فردا که زنش مرد

برای شب بو ها نامه نوشت!

"همین و تمام!"

تو مرده بودی،

چنین می گفت.

توکاها باز نمی گردند، شاعر کوهی می دانست

"پرهیزکاریِ سنگ ها" بیهوده بود.

فیلسوفِ دیوانه اعلام کرده بود!
من و تو رفته بودیم،
توکاها دیگر باز نگشتند!

گلِ خشخاش لبخندش قهوه ای بود
خداحافظی ها تِلو تِلو می خوردند
بوسه های بِرشته ات
طعمِ سنگ می داد.

مردنت را اعلام کرده بودم
در آغوشِ فیلسوفِ دیوانه، "در لحظهٔ ابدیِ اکنون"

در کوه های آلپ برای تخته سنگ ها آواز می خواندیم
موووورچه، مارموووولک، زنبوووور،
مووووش، مووووریانه، عنکبووووت...
برایمان "اووو" می کشیدند!
لُپِ چنار گل می انداخت.

توکاها دیگر باز نگشتند!

دیوانه،

بر قلّهٔ دماوند،

در کوه های راکی،

در آلپ،

در "لحظهٔ ابدی اکنون"...

تو مرده بودی!

آن سرو و ماه

ما چشم های سبز و آبیِ شب بودیم
سرو و ماه که رفتند، ما رفتیم
آن سایهٔ درازِ هایل هم رفت.

آن سایهٔ درازِ هایل
بر صخره های خویش می کوفت
آواز سنگ ها
فاصله را بیشتر می کرد.

لبخندهای آخرینِ ما
پریشانیِ سبزینه بود
میانِ زرد برگ ها.

آن سرو و ماه

لبخندِ سبز و آبیِ شب...

آن سایهٔ درازِ هایل...

از پستانِ چروکیده اش شیر خورده بودیم.

به: گارسیا

از آن همه ماه

از آن همه ماه که دیده بودی
نوری نتافت بر پیکر بی گورت.

پرنده می سرودی در قفس
آب می سرودی در ظلمات.

چشمانت
"راپسودی" می خواند برای معشوقت ماه
به جای لبانِ چشم بسته ات.

آه گارسیا!
از آن همه سرخ گل،

از آن همه باغ لیمو،

آن همه زیتون زار،

تنها مردن آموختی!

به: سیمون

"تشریفاتِ خداحافظی"

در"تشریفاتِ خداحافظی"
تو بودی و من و خاکسترت
گربه و گلِ خودرو
و سنجاقکی که صلیب می کشید بر سینه ام.

در "تشریفات خداحافظی"
خداحافظی نکرده بود کسی
تنها یکی را برده بود باد!

خانه بر رودخانه

پرسیدی:"کی برمی گردی"

گفتم: "گل نداده اند نی ها"

سمفونی ات به آسمان رفت!

بر زمین ریخت گل ها از لای کتاب.

یعنی دیگر شقایق ها ؟

دیگر صدای جاجرود...؟

دیگر نوای مرضیه...؟

گفتی :"گریه کن تا خالی شوی"

گلدانِ گِلی خالیست،

شاخه گلی نیست !

طوطیکی عربی می رقصید و چهچهه می زد:
"زندگی... نمی...می...رد"

اینجا که آمدم
پنجره ام را آب برد
همیشه زیبا نیست،
خانه بر رودخانه.

کاکلِ سگ ها را چیده اند اینجا،
افسرده اند همه، هرچند
"زندگی...نمی...می...ردا"

گفتی:"از آن آوازها بخوان!"
"ماهور" گریه کردم برایت .

پرسیدی:"سپیدیِ کبوترها کِی بال می زند"
گفتم:"وقتی که هر دو نیمهٔ ماه روشن شود،

روی زمین یله شوند کوه ها ،

خانه ها را بمباران کنند بلوط ها ،

تورها را بجوند ماهی ها ،

تنها ناقوسِ نیلوفرها جهان را تکان دهد وُ

تنها گلدستۀ گلِ مریم در آن بالا ..."

از آن همه دور...

از آنجا تا اینجا،

اشک هایت دامنم را شسته بود .

یعنی من و تو

تکه ای از ویرانه ای تاریخی بودیم؟

ابلهانه است جهان

جهانِ بی نهایتِ شفیره ها

تارهای کج اندر پیچِ نامرئی

حفره های سیری ناپذیرِ "گُلِ بدبوی"!

زوزه های همسان

در سه پاره ی جهان!

کارساز نیست،

سرودِ باربد و چنگِ آپولون،

نه تمهیدِ اُرفئوس نه گیلگمش.

چنین می گفت "فیلسوفِ سیاه":

"ابلهانه است جهان".

کلامِ روزانه ام اینست

اینجا کلامِ روزانه ام اینست:

سلام، خوشامدی، "آی لاویو!"

به! چه هوایی! "یِس"، "تَنکیو!"

آفتاب که می زند نمی دانم که ام،

آفتاب که می رود نمی دانم که ام!

"ازینجا بریم، باشه؟"

"نمی دونم"،

"آخه..." ،

"اگه..."

زخم ها کاری شده اند،

ترس ها کاری شده اند،

تنهایی کاری شده است.

فرصتی نبود در "سرزمین فرصت ها"

"دلم می خواد برم"،

"صبر کن... شاید..."

آفتاب که می رود نمی دانم که ام،

آفتاب که می زند نمی دانم که ام!

سیّارهٔ کوچکِ من

سیّارهٔ کوچکِ من

خارج شده ست از مدارش

تو دامنت همیشه پر از سیبست

یکی سیب شاید سیّارهٔ کوچکِ من باشد؟

گلِ لادن در باغچه های غریبه!

مجال بوییدن نبود،

تنها گریستم.

صدای تو را نمی شنوم

که باد می شوید از شمعدانی ها.

فردا نامش را نمی داند گلِ "بادرنگ بویه"

باغچه بی رنگ و بو شده ست.

تگرگ ها گل ها را نشانه رفته اند

در سیّارهٔ کوچکِ من.

به: مارتین. ه.

سیاه بر درختِ سرخ گل

سیاه بر بالای درختِ گلِ سرخ
بالای چترِ امنِ من
زیرِ چترِ آبیِ سپید
شکوهِ زیستن را جشن گرفته بود.

سیاهی آن بالا زیسته بود،
سرخی، تمامِ زیستن بود!

بیهوده می قاریدم
"پرتاب شده در هستی،"
زیرِ درختِ گلِ سرخ.

در وزشِ بی جهتِ باد

پدر

تخته سنگی بود وُ یک گلِ مینا

مادر

تکه ای مرمر زیر اقاقیا

و دیگر...

شهرِ مرمر ها و سنگ ها،

ارتش مورچه ها و رقصِ علف کوهی،

بی تفاوتیِ بوسهٔ برف و آفتاب،

در وزشِ بی جهتِ باد.

سیبِ من و تو

با تو از بهار رد می شوم
گونهٔ ارغوان سرخابیست
صدای ترقّهٔ خنده مان
نوروز را می ترساند
سرودِ مرغابی ها امسال آبیست.

می پرسم از تو:"تو کودکیِ من نیستی؟"

بر سر فوّاره می رقصد
سیبِ من وتو مست و مستانه
نیمهٔ سرخ
می بوسد نیمهٔ سبز را.

نامِ هم را می نویسیم بر تنِ افرا:

"مَشی و مَشیانه، ریواس های توأمان"

نوروز را می ترساند

صدای ترّقهٔ خنده مان،

تا باغِ عدن راهی نیست.

می پرسی از من:"تو کودکیِ من نیستی؟"

به: روژین

ازینجا تا امروز

خنده ات از درخت بالا رفته ست،
"اونجا چیکار می کنی بچه؟"
"ماچ می فرستم بَرا اَبرا،
شکلک درمیارن ناجنسا!"
"به جای شن ریزه، دانه بیار
نوک درازا گرسنه ن"
"براشون غذا نذاری!
صداشونو تقلید کردم، گفتن لهجه داری"
"بیا پایین، بریم! خیلی راهه ازینجا تا فردا "
"هه! ازینجا تا امروز...خیییییییی‌لی مونده هنوز!"

خنده های خیس

روی هم لمیده بودند ابرها
با زربفتِ آستین ها،
دهن درّه های پر صدا،
در درّۀ معلق.

قطره قطره می چکیدند
آلوهای طلایی - قصر زرینِ کرم ها.

به افتخارِ زنبوران
پرچم ها را افراشته بودند گل ها.

گلِ خبرچین

خبر آورده بود از آمدنت

فصلِ گریه نبود،

خنده های خیس بود برای دیدنت.

دیوانه ترین ماهی

گریستم...

گریستم...

گریستم...

آنقَدَر

که خاطره ات را آب برد.

و عشق...

دیوانه ترین ماهی بود!

گلِ قاصد: روحِ سرگردانِ گل ها

از خانهٔ تو می آید

گل قاصد: روحِ سرگردانِ گل ها

بی سلام و پیام.

بر سر و دست و سینه می نشیند غبار ماه ...

نمی شنوی آوایم را

در ستاره بازیِ شبانه ام.

بالا می برم پیمانه را

و فرو می آرم بر سنگ

گل سرخِ پژمرده را

به نامِ نامی دیوانگی.

هزار سروِ سرکشیده و ماهِ پنهان

گواهی دادند

جنونِ مرا

میانِ قاصدک ها: ارواحِ سرگردانِ گل ها.

در لانهٔ مورچه زیستم

در لانهٔ مورچه زیستم:

خِردِ مورچانه

مرا رهبر آمد،

دانستم نیک

که زیستن

نیست

جز "پایِ ملخی".

به : زوخیسِ نقاش که گنجشکان گیلاس های نقاشیش را خوردند.

"چشمانم گیلاسی است که در پیاله ی میهمان برجا می ماند"

امیلی دیکنسن

بر بوم

زوخیس، زوخیس!

گنجشکان

برچیدند گیلاس هایت را!

مردُمکانِ نگاره ات زوخیس!

مردمکانت!

ندانستم اما ...

"چیره کار تو بودی

یا گنجشکان"

زوخیس؟

به: سارا شیسکو و مهربانیهایش در غربتِ غریب

به ابیانه بیا سارا

میان قلبِ تو و من پُلی ست
از پرسپولیس تا فلوریدا
از کویر تا اقیانوس...

"سن جان"به دریای مازندران می خرامد
و کارون به "آتلانتیک"

سارا! سارا!
مهربانی را هر روز
در کاسه ای آب تعارف می کنی به من
خارهای کاکتوس را
بیرون می کشی از زیر ناخن هایم.

به "آَبیانه" بیا سارا!
آنجا که دخترانِ درّهٔ گل سرخ
پوستِ برشته ات را می شویند با گلاب
و گونه ات را برمی افروزند با آتشِ سرخ گل.

میان من و تو
کوه های "راکی" کوچک اند
کاسه ای آبست اقیانوسِ آرام.

از "راکی" تا دماوند
از "آرام" تا "اورمیا"
سپیدست درفشِ تو و من.

به "اورمیا" بیا سارا!
لبخندِ شورِ اورمیا
شیرینیِ نگاهت را پذیراست.

سارا!

روزی که گل های "های بِس کِس"

رقصان شوند با سرخ گلِ کاشان،

سپیدی های تو و من

می درند ابرها را

و من و تو پاکوبان،

بی انتها میان کبوتران!

به "ابیانه" بیا سارا !

فلوریدا، پاییز سبز

این گونه ات مکافات کردم

همرنگ تازیانه ات بود
پوست – جامه ام
زردابی به ترس آمیخته
سکوتِ هیولا گونه ام!

و من این گونه مجازات شدم
که شاعر باشم.

یکی از آنِ تو نبود اما
از هزار هزار شعر که گفته ام...

این گونه ات مکافات کردم!

از "هفت شهر"

از "هفت شهر" آمد
با سروِ کاشمر و ماهِ چارده
گلبوسه ای برای من آورده بود!

باورش نمی شد،
هزاره ها بود که مرده بودم.

از هزاره ی چهارم آمده بود.

این گونه ام بخواه

راهی به بالا،

راهی به پایین،

کجا می شتابد رودِ ایستاده

با تمساحانش: چشمانِ پنهانِ آب؟

می خوانَد "جیپسی کینگ"

چه می گوید ؟ نمی داند ابر،

می گرید اما!

پاک می کند گونه ام را

باد فروردین...

نرم می خوانَد آواز او را پرنده

بالای درختِ انجیر:

"تو صیاد، من نخجیر...

این گونه ام بخواه : بی بند، بی زنجیر..."

خانه ای نبود برای بازگشت

خانه ای نبود برای بازگشت
نه پاره ای ماه ، نه اختر پاره
سپیدانِ بی پرواز، معلق در هوا
مخلوطی از آسمان و درخت در مربعِ تاریک.

خانه ای نبود برای بازگشت!

نرگسانِ سر به زیر،
چراغانِ کوچه های ولگرد بودند.
عطرِ دزدانهٔ گلِ خشخاش،
بیرون می سُرید از روزن های خُمار.

دلم در چار گوشهٔ خانه می زد وُ

هر چارگوشه مُحال!

خانه ای نبود برای بازگشت!

آفریدم تو را

آفریدم تو را

هر جا که دل خواست:

در چشم کودک ،

گنجه های کهنه،

نگاه های دزدیده،

دروغ های راست...

آفریدم تو را

بنفش از کینه،

در آب های تاریک،

معبد های باد ،

پشت آیینه!

آفریدم تو را

جدا نه، با من

دیوانگی بود:

هزاران دریا...

از آنجا تا من!

آفریدم تو را

دروغ یا راست...

همنفس با من،

هرجا که دل خواست!

گردن آویزِ من بود ماه

زمان را کشتیم

میان دو نـگاه!

از من و او تا ما

وه! درازا سفرا...

سیاهی

بی خواب،

آن آبی

سیاه...

گردن آویزِ من بود ماه!

در بسترِ کاغذین

پرندگانِ وحشی اند واژه ها

آمده از دریاهای یخ و بیابان های تموز

فرو می ریزند از بام و در

ناموخته، نا دست آموز!

ویران می شود آسمانخراشِ خواب

می دود قلم

آسیمه سر...

در بسترِ کاغذین،

واژه و من وُ

پروازهایِ بی مَر!

به جلگهٔ گل سرخ می مانَد

به جلگهٔ گل سرخ می مانَد
قرمزی سرش پرنده.

"قرابتِ" درازی دارند
زردیِ نوک و سیاهیِ پا.

می ایستد بر تپه ی کوچک
زل می زند به زنی پشت پنجره:
سه چشم
در هم خیره!
شباهتی یگانه: خارخارِ پرواز!

ایلغار

از ایلغارِ تو
تنها
یاخته ها و مویرگ ها برجاماند...

چشمی چار،
دهانی باز!

صدایِ شکستن بود:
تمهیدِ کوزه گر راست نیامد!

در قهوه خانهٔ کافکا

گوشوارم گم شد در باد

صبحِ روشنی ندارد شامگاه...

ناله می کند هزار پای آهنی

خرد می شود زیرپایش استخوانِ پوکِ ریل ها

شمع ها خاموشند در"قهوه خانه ی کافکا"

له می شود زیر گام های سنگی

"سوسکِ" بیچاره!

"پراگ" روشن می شود با قصرهای زنگاری...

رودِ کهنه می کوبد بر خزه های لزج .

چه مسخ در کنار تو!

مردگان یادگاری نوشته اند بر قرنیزها

خشکیده اند فرشتگان بر دوراههٔ دوزخ و بهشت

عاشقانِ دوزخی

صلای دیوانگی درداده اند در شبِ ولگرد.

در پگاهِ پاره پاره

کبوتر ابری

باد برده ست طوقِ زرینش را.

چه مسخ در کنار تو!

که می خرد جنونِ مرا؟

چشم گشودم

با سهمی از جنون:

میراثِ هنگفتِ مادر!

از راه آمدی

با سهمی دیگر..

با تو، جنون در جنون،

دریاهای بی مَر...

چه مردانه ام بخشیدی

جنونِ عاشقی را یکجا

هنگامِ وداع!

اکنون...

من و این همه متاع!

که می خرد جنونِ مرا؟

"آوَخ" نگفتم

سیبِ سنگی رها شد از دستش

مِی و مینا هر دو شکست!

"آوَخ" نگفتم...

دلشکستگی

ناموسِ عشق بود.

الاغِ مهربانِ عشق

کوچه باغ ها را همه

در پیَت دویده بود الاغِ مهربانِ عشق.

در انتظارِ سبز ...

الاغِ مهربانِ عشق...

برگ های سرخ و زرد را

نثار جفتک هایش می کرد باد!

به ناگهانیِ سیبِ زرین

سرِ گرگی بود ابر سیاه
دندانِ طلا در دهانش.

نیلوفری شکفته نبود در گورستانِ برفی
گورهای ایستاده، گورهای خفته
از پشتِ قرن ها
به ناگهانیِ سیبِ زرین می اندیشیدند
بر درختِ نادیده.

آهِ حسرت بود بر لبانِ "ژوکوند"

جای گریه بود
شسته بود باران
نقشِ کهنه را از کوزهٔ شکسته.

می گذشت از دامانم
رود صبور و ساکتِ "سِن" ...

یادها سقوط می کردند
از بالای "ایفل".

شقایق ها بر آب می رفت...
آهِ حسرت بود بر لبان "ژوکوند"!

صدا نمی کرد
النگوهای زنِ کولی
آوازهایش پاره پاره بود...

با باد می رفتم
به شکلِ گل سرخ.

خانهٔ "مادام کوری"
روشن تر بود
از قتلگاهِ "ماری آنتوانِت"...

جای گریه نبود،
باران شسته بود
نقشِ گلدانِ گِلی را.

تا هیچ

سرخ تر از دانه ی انار

سفر می کرد دل - نازکتر از آه-

در واگن پنجم

پرواز می کردند اسکلت ها بر ریل ها...

تو و من بر رودِ فولاد...

هر یک

به سفر می برد

یادِ آن دیگری را:

سفری نابرگشت،

تا فراموشی!

کبوترِ نامه بر را

جاگذاشته بود قطار

رؤیایِ سفر را

قطاری تا هیچ...

دلم کو؟ دلم کو؟

پاره می کند سکوت را

آوایی مستانه

خلوت کرده ست کسی با دلش

در کوچه های شلوغ "کراکو".

آوای "شوپن" در کنج دیوار،

مستیِ بی آوای شاپره،

آوازِ درشکه و کودک و چارچرخه.

شیاطین و کرّوبیان

بر بامِ کلیسا چشم در چشم!

عشقبازان

زمزمه می کنند

عاشقانه ها را با کبوتران ...

در هوا پرسه می زنند بوسه ها

دلم کو؟ دلم کو؟

عشق رسوا شده ست !

می کوبند مستان

بر طبل های کوچک

فرود می آید

بر سنگفرشِ بیدار

دخترک اسلاو

با پاشنه ای سرسخت تر از باد

دلم کو؟ دلم کو؟

پیدا می شود عشق

به همین آسانی...

دلم کو؟ کو؟ کو؟

آتش های خاموش

شب را روشن کرده ست

پنجره های نیم باز

تا مجّره می برد

رؤیاهای ناتمام را

شمعدانی های تاریک

نفس نفس می زنند

پشت شیشه ها...

دلم کو؟ کو؟ کو؟

آخرین سوگنامه را می بارم بی تو

در کوچه های مستِ "کراکو"

درشکه ها تلو تلو می خورند

چشمِ شهلای اسبان

خواب می سرایند...

دلم کو؟ دلم کو؟

کو؟ کو؟

از سنگ های آبله رو تا ماه

کیمیاگرت بودم

از یخ به تموز

از سنگ های آبله رو تا ماه!

این همه

مجازاتِ سیبی بود

که گزیده بودم با تو.

گلِ سرخِ کوچک

چشمان دارچینیَت

از جادۀ ابریشم می آید

عطرِ چایِ کوهیِ دهانت

اطلسی را به مصاف می خواند.

گلِ سرخِ کوچک!

از درّۀ کاشان آمده ای

در شبانِ آبیِ ماه!

با لبخندِ کوچکت

گل ختمی ها می خندند

سارها ساز می زنند زیر گنبد اصفهان.

از برقِ "زلفکانِ چابکت" خشکش می زند آب!

دنبالهٔ درازِ دامنت

رقصِ سمرقند را به فراموشی می سپارد!

به خواب می روی،

مرغابیان

خطی سپید بر آب می کشند

سپیدتر از رؤیاهایت...

بیدار می شوی،

در چشمت می میرم

و باور می کنم که "انسان زیباست".

پیش از ما

می خوانَد سبزِ آبیِ سرخ

نوکِ درازش آماده ی بوسه.

صدای چشمه را می میریم

درخت و پرنده و من.

بنفشه های اخمو!

کسی گذشته ازینجا پیش از ما؟

گیاهی نبود بی مرگی را

آوَخ!

نیشِ ماری آلود

گلِ سرخِ "دیلمون" را.

زمان را به تاراج دادی گیل گمش!

جزیره ای نبود بی مرگی را

چار اسبت آهستگی نشناخت!

گیاهی رُسته نبود

در آب هایِ شیرین،

نه شوراب ها...

جاودانگی

تنها آنجا بود،

در سرزمینِ زیرین

که موران و کرمان خوشامد می گفتند

زیباترینِ چشم ها و دندان ها را!

به تاراج دادی گیلگمش!

به سلامتیِ تو!

به دیدار استخوانپاره هایت آمدم

مورچه و علف کوهی خوشامد گفتند.

فرامی خواندی زرد و آبی و سبز را...

و کژدمان و کرمان

شادیانه می نوشیدند

از کوزۀ شکسته ات

به سلامتیِ تو.

نابِکار لحظه

ناکسانه می گذری نابِکار لحظه!

میوه ی ممنوع بر درختست
بوسه ها بر کشتی ها سوارند
محبوبه ی شب، بیدار...

بر درختِ سیبست شعر
واژه ها نچمیده بر کاغذ
نیارمیده قلم کنارِ دفتر
من و آرزوهای بی مَر!

در آینه کیست،

گوشوارِ من در گوشش؟

کیست منتظر بر در؟

نابِکار لحظه!

ماه، ای رفیق شفیق

بوسه گاهِ آخرِ عاشقان،

وداعگاهِ پسینِ محتضران،

دژِ آخرِ جنگجویان،

رؤیای نخستینِ کودک،

رازِ بزرگِ من:

ماه! ای "رفیقِ شفیق!"

زرد و گِرد و گرم

زرد و گِرد و گرم

آن شاهدِ همیشگی از آن بالا

زل می زند به من

هر شب که پشت پنجره می میرم!

آن یارِ جانیَم

که جاودانه پس از من خواهد زیست

که بر علفِ رُسته از تنم

خواهد گریست.

به: نامیر

برای نامیر

قصیده ای نگفته ام برای "نامیر"
نه غزلی آبگون،
نه پیامی از شهزاده ای پارتی
نه سرخ گلی!

اشک هایم را برای "نامیر "می فرستم
از بخارا تا بوسنی.

شعر می خوانَد پرندهٔ برفی در مِهِ بلعنده
طوقِ طلای سیاه می فشارد گلوگاهش را
تراموای برقی نمی شنود صدایش را.

ماهِ برشته در آسمانِ سارایوو...

ویالن می نوازد "اسمایلُویچ" بر قلهٔ "ترِسکاویکا"

"سرودِ مروارید" سرمی دهد "میلیاکا" در درهٔ سارایوو.

شمشیر خدایان در غلافست

دختران برفی

روشن می کنند جام های شنگرفی را

و شهسواران

ترانه های آبی شکار می کنند

برای فرشتگان.

نامیرا! نامیرا!

رؤیاهایم به میهمانی آمده اند!

سارایوو!

سارهای سرخ

بوسه می فرستند برایت

ازجادهٔ ابریشم تا "پلِ موستار".

"آتش جاودان" شعله ورست

از "آذرگشسب" تا سارایوو

از "دِلفی" تا اورشلیم

از صوفیا تا چین!

برای "یانلی"

شعری نوشتم بر گونهٔ ماه

برای یانلی،

مسافرِ همیشهٔ ابریشم،

دیوانهٔ گلِ سرخِ کاشان،

میِ مغانهٔ شیراز.

یانلی که ندیده ام،

یانلی که نمی خواند شعرهایم را.

نقش می زند یانلی

با قلم مویی از آب

معشوقش، زاینده رود را.

شعری گفته ام برای یانلی،

ماهی سرخِ دریای سیاه،

یانلی، شاعرآب ها

که تنها شعرِ ماهیان را می خواند.

عاشقِ باستانی می آید

خبردار باش!
عاشقِ باستانی می آید.

مورچه ها به صف!
درختان راست!
کلاغ ها ساکت!

میراثِ کهنهٔ منست عشق
از دروازهٔ بابِل آمده ام،
گلِ کاکتوس نمی خواهم،
نه برگِ ماگنولیا،
گلِ سرخ!

فقط گلِ سرخ!

به پیش! لحظه ها!

عاشقِ باستانی

با عطرِ بنفشه و بابونه

سرخ گل در گیسو...

کهنه تر از هگمتانه

کهنه و مهلک:

مهلک تر از مرگ،

کهنه تر از هگمتانه،

می تازد عشق

مست و مستانه.

می کِشدم گیسو کشان

از آتش در آب

در آذر از آب...

بی آزرم و شرم،

عشق... نافرمانِ دیوانه!

نگاهِ آخر

شامِ آخر بر سفره ماسیده ست...

نان و شراب

فریب خورده اند.

چیزی فهم نمی کنند،

مفرغ ها، برنزها.

یهودا!

نگاهِ آخر چگونه بود؟

به: فرانچسکا و پائولو، کمدی الهی، سرود پنجم

دانتهٔ اخموی گوستاو دوره

نمی شناسم

دانتهٔ اخموی "گوستاو دوره" را

- با آن کلاهِ گوشدار و شاخهٔ زیتون!

نگارگرِ عاشقانِ دوزخی را می شناسم- فرانچسکا و پائولو-

که راز گفتند

با دانته آلیگیه ری- "فلورانسی"، نه "فلورانسی خو"!

به یادِ مارِک اسموژنسکی

نمی گویم بدرود

جایت خالی
در شهرِ گلِ سرخ
اسمو ژنسکی!

به درازای راهِ شیریست
راهِ نابرگشتنی.

می گرید ماه، شاهدِ سالخورد
چشمانش ابریست کراکو.

خروسی پیدا نیست در پگاهت
نه کهربا چشمی در نگاهت.

تاریخی کوتاه داشت

نیلوفرِ چشمانت

دریغا بی هنگام

خمیده کمانت.

انگور های "کراکو" می گریند در جام

بی تاکستانِ دستانت.

اندوهگینِ توست

سرو و ستاره و سیب

ناروَن و باد و بید

در سرزمین تو، سرزمینِ من.

می شناسندت کرخه و کارون،

لالهٔ واژگون.

بر نخواهد گشت

باد برده روزان!

می درخشی اما

در سیاههٔ سایه ها،

در شبانِ ماه.

در آتشدانِ خاموشت

جرقه های بی پایان...

میان بوته ها، پشت تپه ها

یادت اینجا ، آنجا...

نمی گویم بِد...رو...د...

اسمو ژنسکی!

به: ویرجینیا

پرواز در آب

دلزده از سرخ و آبی و زرد
شبانه به رودخانه زد
در گریبانش سنگی پنهان
در پنجرهٔ استخوانیش ناردانه!

سربالا می رفت رود "اوس"
زن و سنگ
پرواز می کردند در آب...

ویرجینیا سنگ را فریب داده بود:
قلوه سنگِ بیچاره
غرقه در رود !

رودخانه اما،

همرنگِناردانه!

به: سونیا و مجید

حسرت

ای واژه ها، واژه ها!
نشد که گِرد آیید در "یک کلام"
حسرتی دویست ساله.

به هوا رفت امروز "شاتل"
در ساعت چار و نیم
فرو می ریزد برجِ بابل.

چه خوشبختند زنبوران
در کندوی کوچک
با چشم های عسلی.

هیمه یِ کدام آتش بود

گلِ سرخت سوار؟

دیدم جرقه های آتش را...

کجاست چشمانِ آتشت ؟

هیچ و هرگز

فرو نمی رود در مِه

هیچ و هرگز صدایت!

"کیست که حرف می زند؟"

"من نبوده ام، نیستم"

"بالا می کشیم از صخره ها پیرانه سر

برگ می کند عصاهامان کنارِ یکدیگر"،

خودش گفته بود!

"سوگند بخور با من تا جاودانگی"
خودش گفته بود!

جفتِ آدم!
مرا برای آدم آفریدند
بر فرشِ سرخ از جَدّه تا سرندیب.

"عشقِ لعنتی!"
دیروز می گفتم،
امروز ،
و فردا!

زنِ کولی! دروغ بود مار- مهره ات
نمی آید دیگر!
بیدهای دیوانه !
نمی آید دیگر "دریانوردِ فنیقی".

نمی آید دیگر؟ به جهنم !
شاعر شدم دوباره وقتِ جدایی
اگر می آمد، خدایی می کردم، خدایی!

برایِ چه می دویدند کفش ها؟
کفشدوزک ها زودتر رسیدند.

عکسی تمام رخ!
از موریانه ای که هستیَم را خورده بود.

بارانِ سَ... نگ...
چشمِ مادیان در خرپشته.

مرده بودم
سیبِ سرخ
از پشتِ دنده هایم پیدا بود.

"چه وقتِ مردن بود زن؟ فردا هم روزِ خداست!"

هرگز نیامد فردا!

شب به خیر،

قلم، دفتر، عینک !

پیدایت می کنند فردا

رویِ سنگِ مرمر

"مرحومهٔ مغفوره!"

نامه ها

به تو (۱)

فوّاره می کشد نگاهت

از شانگهای تا دمشق

"بی مرگی" را رهاکن گیلگمش!

لبی تر کن

دَمی

با گلِ سرخ.

نگاهِ توست "بی مرگی!"

به تو (۲)

به نامِ تو!

اینجا
بر یک شاخه می نشینند کبوتر و زاغ
پاره نمی شود آسترِ ماگنولیاها در چنگ باد
رها می کند بید مجنون شلالِ گیسوان را در آفتاب.

دلتنگ اما بی تو
غزل نمی خواند ماه
کولیانه نمی رقصند
خوشه های مؤدبِ گندم
دریغِ آوازِ خروسی در سحرگاه!

دلتنگ...

بی تو...اینجا

نمی گویم بدرود!

به تو (۳)

به نامِ تو!

به اینجا کوچیدیم من و خاطرات
بال های آهنی
مهربان نبودند این بار
خوابش نمی برد چمدانِ تلنبار.

چگونه پُرکنم فاصله را
از زهره تا زمین ؟

بوسه ها به من نمی رسد، نامه هایت خالیست
نخوانده ام هنوز کتابت را: "عشق در دورانِ وبا "!

سرافکنده می گذرد ماه،

می نگرم در او... برای آخرین بار...

ای رؤیاهایِ نا بکار!

به تو (۴)

به نامِ تو!

نامه می نویسم برایت بر گُرده ی باد
سرک می کشد در نامه ام ماه
به یغما می رود واژه ها
لو رفته ست نامت در زمین و هوا
صدایت می کنند مارمولک ها، سنجاب ها،
نرگسِ وحشی، لاله ی سیاه
صلیب می کشد بر سینه ام سنجاقک نقره ای
بر آستینم می نشیند بیدمشکِ دُم-گربه ای.

دریا شده ام دوباره!

به کجا می ریزد بیراهۀ چشمانت؟

نمی گویم بدرود!

به تو (۵)

به نامِ تو!

به پرواز درآمده اند بوسه ها
بیرون می زنند از خانه پیش از من
بی شماره قطار می شود نفس...

چیزی نمانده تا تو!
گوشوار و عطر و گل سرخ آماده ست
قهوه ایِ گیسوانم
رنگِ همیشهٔ خاطراتست

آواز می خوانَد گردن آویزِ یاقوت

ناگهان تر از تو حادثه ای نبود!

به تو (۶)

نه تو رسیدی، نه من:

تیفوس گرفته بود عشق.

به تو (۷)

به ماه گفته ام ننگرد در تو با چشمانم
ننوازدت نسیم با سر انگشتانم
آواز های شبانه نخوانَد در گوشَت
شبگردِ روسپی، محبوبه ی شب.

باد پیموده ام با تو...
با مور و موریانه درآن خانه
با تو... روزان، شبان، سالیان...

آوازهایم را به کولیان می گذارم
کاری نیست دیگر با تو و کولیانم.

به تو (۸)

چنارِ حنایی!

هنوز بر سرِ پایی؟

که می شوید امسال پنجهٔ سیاهت را؟

عاشق که می شود از پنجرهٔ سرخت؟

بی من

در آشیانت کیست میهمان

در گرگ و میشِ کلاغان؟

نگارانِ دست و بازویت

- هزار قلب و چنگ و چلیپا-

نقشِ آرزو های گمشدهٔ کیست؟

سلام می رسانند

انجیرهندی و کاکتوسِ شاخدار

هزاران بوسه می فرستم

برای افرا و سپیدار.

چنارِ حنایی!

خدا نگهدار!

به تو (۹)

باور نمی کنی چگونه مرده ام:

سنجاب های کوچکِ ترسو

با بیدمشکِ پُر پَرِ دُم هاشان

از بامِ شاخه ها

گلوله های کوچکِ بلوط شلیک می کنند!

یا آن پلنگ هایِ خانگیِ کوچک

- فرزانگانِ فیلسوفِ خاموش-

در چشم های مضطربم خیره می شوند!

یا اینکه ماه یک چشمش را می بندد!

باور نمی کنی

چگونه سارهای آبی

قطره قطره از درخت می چکند

پرنده خوانده و من مرده ام

از برقِ بالِ شاپرکِ سبز

خشکم زده ست!

باور نمی کنی چگونه!

به تو (۱۰)

در خواب برایت می نویسم.

دور و بَرم پُرست. گل های "جزیره ی سرگردان" کم نیستند.

صدای بوسه از چشمِ ابرها سرازیر شد. "جان آشبری" می پرسید: "باد را که دیده است؟" برایش نوشتم تو و من دیده بودیم، وقتی که در عروسیِ ما ناقوس ها خروسک گرفته بودند. گلِ پنبه از شاخه هایمان آویخت، واژه های وحشی اهلی شدند.

دو راه بیش نبود، گفتی بیا دنبالم. دانه های انگور را دنبال کردم.

بر بالای درخت می خواند. نامش را نگفت. هجاهایش شور بود. حالا دیگر پرنده ها چیپس می خورند.

آفتابگردان ها از نرگس ها آموخته اند: سر در چشمه فرو می برند. پس آفتاب از مُد افتاده است؟

گفتی جهان در منقارِ کلاغ بود؟ پس دخترِ کولی برای چه آب داد "گوژپشت" را؟

از "شهرزاد" آموخته بودم. راهِ دوم نابرگشت بود!

راستی، گفتی آن سایهٔ هول، پشتِ درِ خانهٔ ما هم می خوابد؟

به تو (۱۱)

درِ نامه را آرام بازکن! هوا از دیوانگی پر می شود.

امروز، روزِ زنبورها

گفتی "هراکلیتوس" هم دیوانه بود؟ حالا کجای رودخانه-
-ایم؟ این بارِ چندمست؟

همان روز، نزدیک ظهر

راستی، آن نقاش، نقشِ عشق را هم می کشید؟ بگو
تابلوها را حراج نکند.

همان روز. یکی دو ساعت بعد

امروز هم گذشت. عقربِ ساعت، مرا گزید.

غروبِ همان روز که شب شد

"دیوونگی اگه تموم بشه، کَلکِ خودمو می کَنم. زندگی
یعنی دیوونگی". چه زود گذشت!

همان روز، همان روز که فردا می شود دیروز

باز هم برگشتم که بنویسم، اما انگار دارم عاقل می شوم! نمی نویسم.

پنج دقیقه بعد

نباشی، برای که بنویسم؟ باید نوشت. به قول مارگریت:"نوشتن، همین و تمام!"

یک ساعت دیگر

برای بارِ آخر به رودخانه زده ام. سنگی تَهِ جیبم نیست. نمی بینی ماهی ها چقدر دیوانه اند؟

فردای همان روز که شب شد

بوسه می نویسم برایت

آن شب که فردا نیامد.

بلندتر از آه

(شعرهای کوتاه)

واژه هایت آبنوسی بود

از آغوشِ گلِ خشخاش که برمی گشتی

واژه هایت آبنوسی بود

به کسی نگفتم،

گلِ خشکِ من اطلسی بود!

آن بوفِ خاموش

بالای آن درختِ نارُسته

آن بوفِ خموشیده

می دانست

خِردِ زیستن

دیوانه ست!

سیاهی

بزه کارند درینجا رنگ ها،

بالای سیاهی رنگی نیست!

تا به خود آیی که آه کنی

آه "نارسیس"!

تا به خود آیی که آه کنی

تو و جوبار

رفته بودید!

میانِ لحظه

از کجا آغاز می شود پرواز؟

از پرنده پرسیدم.

میان لحظه چرخ می زد.

از چایِ تازه دمِ نگاهت

هوا تاول زده ست

از چایِ تازه دَمِ نگاهت

روبهک!

درندگیِ معصومت

خدایان را شرمسار کرده ست.

"...از سعادتِ ظالمانه بی خبر بود،
عاشقان نیز غرقه می شدند"

ویلیام باتلر بیتس

لاکپشت

استادانه بود

آجرکاری و تاقنماهایش لاکپشت.

چهره یِ پر آژنگش اما

افشاگرِ "سعادتِ ظالمانه" بود!

اگر

کبوترانِ سپید

شیروانی ها را فتح می کردند

روباهِ خیسِ خاکستریِ چشمانت

در لانه اگر آرام می گرفت!

در زیرِ آن درختِ سیب که آنجا نبود

در زیرِ آن درختِ سیب که آنجا نبود

تو و من -این زیستگان هرگز-

دو سیّارهٔ ناچشیده را پیوند می زدیم

به نامِ عشق، این بی نام!

آینه، چشمانش بلوطیست

آینه، چشمانش بلوطیست
لب و گونه اش
تمشک و سیبِ جنگل را روشن می کند،

آن وقت می پرسی چشمانم چه رنگیست؟

" گرگی مرا گفت: تو بهتر از ما زوزه می کشی"

نیچه

تو بهترینِ گرگ ها بودی

از رگ و پِیِ رؤیاهایم
چیزی به جا نماند
مجالِ آهی نه!

تو "بهترینِ گرگ ها" بودی!

هشدار

بوسه ها پَرپَر در غبار...

گلِ سرخِ سپیدار!

کشته می گیرد عشق،

هشدار!

گلِ شوکران

عروسِ گلدان ها

گلِ شوکرانست

در خانهٔ من،

این زورخانه!

پرواز می خواهد

گنجشکِ مرده را

دانه می دهد کودک

پرواز می خواهد دلم!

دلت را به باد بسپار

دلت را به باد بسپار آنجا

من اینجا در فرودینه ی کوه

قاصدک ها را

در سینه می نشانم.

چون سیبِ سرخ بر سرِ فواره!

پا می کوبم

چون سیبِ سرخ بر سرِ فوّاره!

امروز

فواره می زند کلام

از سیب سرخِ من.

امروز زیستم

امروز زیستم:

ستاره آن بالا،

علفِ کوهی زیرِ پا.

نیامد هرگز فردا!

گربه

سکوتِ معنی دارِ سبز

در لحظه های خال پلنگی.

اینجا

کنارِ تو آنجا

زندگی اگر نکرده ام،

باکی نیست.

اینجا

خوب مرده ام.

چگونه سرخ می شود انار؟

چگونه سرخ می شود انار

درین خشک،

این زردِ بیمار؟

نازکتر از بالِ پروانه

نازک شده ام،

نازکتر از بالِ پروانه.

نسیمی بیرون می بَرَدم

از چهارگوشهٔ جهان!

ملامت

نقشِ تو

بر پرده تکان می خورَد

بادِ ملامت می وزد از پنجره!

آن گرگِ مهربان

بنگر درونِ آینه:
گرگی درونِ آینه پنهانست،
آن گرگِ مهربان
که درو جانست.

نمی داند که مرده ست

مادر نمی داند که مرده ست

تنها

موریانه می داند و من

و خرمنِ سپید یاسمن

که گوش بوده ست و چشم و دهن.

عتابِ چشمانت

چه باک از سعد و نحسِ ستاره؟

که عتابِ چشمانت

نطع و شمشیر می طلبد.

ندانستم

"نا آمده" را به لابه خواستم

ندانستم

همه

شکارِ "آمده" بودم!

ای عشق!

بگذار بمیرند ستارگان

آنجا که ستارهٔ تو می تابد:

ای باد و آب و آذر و خاک،

ای عشق!

با گَردهٔ گل

شعری بر گونه ام نوشت

با گردهٔ گل.

دو نیمهٔ سیب به هم بر آمد.

به: راس. ال. سا. برای الهام بخشیش

من و گل

در یک آن

من و گل تمام شدیم!

دانستم

رازِ دوست داشتنِ گل را.

از دردِ جاودانگی

از "درد جاودانگی" مرده ایم!

خِردِ گیتیانه

حیرانست.

ای مردُمکانِ دیروز

می شناسندم

مردگان،

دیوانگان،

کودکان!

و من گیاهان را این گونه خطاب می کنم:

ای مردُمکانِ دیروز!

ای قمریَکانِ مست

ای قمریَکانِ مست!

از گذرِ آب

در پایِ این درختِ خیسِ خواب

چه می دانید؟

جهان را فرامی خوانم به نظاره

می خندد سرخ گل

و من

جهان را فرامی خوانم به نظاره!

عبور

از تنگهٔ چشمانت گذشتم

اینک:

دریای بی خشک!

بی مرگ مرده بود

خروسِ بی محل

مرگِ "گیومرث" را خبر داد

"بی مرگ" مرده بود!

خسوف

داروی نیست

برای سالَکِ ماه

خسوف!

امشب خسوف می شود!

فرو ریخته ای بر زمین

سیبِ زرّین!

فصلِ چیدن نیست،

باور کنی یا نه،

فرو ریخته ای بر زمین.

حماسهٔ گل و باد

در حماسهٔ گل و باد

بر باد رفته ام.

سیاهی می کند روز

سیاهی می کند روز:

چشمانت

مرا فرا گرفته ست.

خرده مگیر

شرمنده نیست ماهی از بی دانشی

نیست گل در پیِ جاودانگی

خرده مگیر!

نسخه ای نوشته نیست برای شاعرانگی!

جایت خالی

برساقه ی گل سرخ

نیست گلی

دیروز بود

امروز نی!

جایت خالی!

در سبزِ عرق کردهٔ فلوریدا

حادثهٔ بنفش

در سبزِ عرق کردهٔ فلوریدا

روشن تر بود

از حادثهٔ غربتِ من.

جنینِ نارسی ست زمین

دستی نه، نه پایی،

تنها

چشمی خودبین!

جنینِ نارسی ست زمین!

برگردانِ چند شعر به زبان انگلیسی

گزاردهٔ روجا خداپرست

Our Whiteness

Will tear the clouds ,

And you and I

Will be singing among the innumerable pigeons.

Come to Abyāna, Sara!

From Rocky to Damāvand [2]

From Pacific Ocean to Lake Urmia [3]

White, is our flag!

Come to Urmia, Sara!

The salty smile of the lake

Will welcome your sweet glance!

Sara! Sara!

When the Hibiscus flowers

Dance with the Kāshān [4] Roses in the breeze,

---

[2] The highest elevation in the entire Near East. In popular culture of Iran, Damāvand is "the mountain" par excellence, symbolizing the Persian homeland in numerous legends and stories. Encyclopaedia Iranica

[3] A salt lake in northwestern Iran. *Encyclopaedia Iranica*

[4] A historical city and a sub-province of the province of Isfahān on the north-south axial route of central Iran. *Encyclopaedia Iranica*

You offer me kindness

In a bowl of water!

And pull out the Cactus thorns

From under my nails.

Sara !

Come to “Abyāna” [1]

Where the girls of the Red Rose Valley

Will wash your burning skin with Rose water

And make your cheeks glow with the fire of Red Rose!

Between you and I

The Rocky Mountains are naught

And the Pacific Ocean, a bowl of water!

---

[1] Abyāna is a historical village in the Barz-rud subdistrict in Natanz county, in central Iran. *Encyclopaedia Iranica*

To: Sara Shisko, for her endless kindness
when it was only me and the nostalgic days

Come to Abyāna Sara!

There lies a bridge

Between your heart and mine

There lies a bridge

From Persepolis to Florida

From the Desert to Pacific Ocean!

In flows St. Johns River to the Caspian Sea

In flows Kārun River to Atlantic Ocean!

Oh Sara!

Every day

Atop the Young Tree

Atop that young tree

Sat the blind owl

Well aware of

The insane sanity

Of living.

Before You Could Blink an Eye

Gone you were,

Narcissus!

Before you could blink an eye

Gone, you were

Along with the stream.

The Wind

Give your heart up

To the wind.

Here I stand,

Down here,

Right at the slope of the mountain,

Keeping every dandelion

In my bosom!

The Cat

The grass green silence

In leopard-patterned moments!

Crazy Fish of the Ocean

I wept,

And wept,

And wept still…

Weeping was all I did

And I wept

Until the tears

Washed off your memory!

And love,

Love was the craziest,

Craziest fish of the ocean!

In the Ant Nest I Lived

In the ant nest I lived

And learnt from the ants

That life is indeed

No greater than a grasshopper's

Crooked legs!

Engraved on the tombstone:

“In the loving memory

Of a woman."

You must have been daydreaming
again,"

Said the master of the house.

Ah! The mean words!

The sleepy consciousness!

"Go back to sleep woman!

Tomorrow is a new day."

But "tomorrow" never came!

Goodnight,

Goodnight pen,

Goodnight paper,

Goodnight glasses.

A goodnight to all

As tomorrow they will find my name

And why were the shoes running so fast?

Well the turtles did come faster!

A complete picture of a termite

That has eaten my life away!

Stone rain!

The mare's eyes are hidden in the mound!

Dead I was

Without needing death

And the red apple showed

From behind my ribcage.

"Such an untimely death!

And tomorrow!

And you! Fortuneteller!
You lied!
Gone he is, forever.

Alas you weeping willows, alas!
"The Phoenician Sailor"
Is gone for good!

"He is gone?"
Ah! To hell with it!
Separation made me
A poet
Anew!
Had he returned
I could have ruled the universe then!

Work together

To mess up the leaves,"

So he had said himself.

"Promise you will stay with me till eternity,"

So he had asked.

"Adam's companion"

Created from the rib

It is I.

And I walked on the red carpet

All the way from Jeddah to Sarandib!

"Damned love"!

I said yesterday,

And today,

How happy are the honey-eyed honeybees

Buzzing in their hive.

Halt, you rider!

What became of your red rose?

In whose fire did it burn to ashes?

I did see the fading sparks!

Where are your fiery eyes?

Never will your eyes fade in the mist

Never will your voice… your face… Never.

And who is talking?

“It’s not I… Never been”

“There we climb the rocks

At the old age, still bold though!

And the walking sticks

Regret

Words, oh words!

How you never came in one piece

How you never formed a meaningful something

It's a two-hundred year regret!

The shuttle launched today

At four in the afternoon

The Tower of Babylon collapses.

Words, oh words!

Down there

Where ants and worms

Gladly welcomed

The ravaged beauty!

No Escape from Death

Ah!

Gilgamesh!

How you wasted your time

In search of immortality!

No island to hide you from death.

No secret flower there was

Not in the waters

Nor in the swamps.

Immortality

Was only to be sought

Reprimand

On the curtain moves your image

And there blows the reprimanding wind

Through the window!

Don’t Cavil

Fish are not ashamed

To have no knowledge!

The Flowers

Are not looking for eternity!

Do not cavil!

There is no

“How to be a poet” manual!

The Kindest Cannibal

Look in the mirror!

You will see

The kindest beast

That could ever be!

You, the Best of All Beasts

Devour me, you did.

My dreams, all gone.
Devour me, you did.

I did not even sigh!

Oh, you were the best...
The best of all beasts!

“Forgot in cruel happiness

That even lovers drown”

W. B. Yeats

The Tortoise

Artistically made,

Every detail considered.

A masterpiece,

Though on the outside only!

For deep wrinkles speak of

The "cruel happiness."

Mirror Has Hazel Eyes

Mirror has hazel eyes

With lips so red

And cheeks so pink

Making the apples and berries of the forest

Lose all color!

And yet, the color of my eyes

You demand to know!

Warning

Beware now! Beware!

Fallen kisses everywhere

And petals also.

Petals

Of the red red rose.

Oh, you victim-taking love!

Ebony Were Your Words

Ebony were your words

When you returned

After a night with opium poppies.

I kept the secret,

No one discovered

That my withered flower

Was once a petunia.

I Yearn to Fly

The little child

Feeds the dead sparrow

Oh, how I yearn to fly!

Over Is the Harvest

Oh! Fallen golden apple!

Believe it or not,

Over is the harvest!

I Lived Today

I lived today

To the full.

Saw the stars above

And the grass under my feet.

Tomorrow

Never came!

In the Epic of Flower and Wind

In the epic of flower and wind

I was

"Gone with the wind!"

Virginia deluded the poor stones,

They all drowned!

And there burnt red

The heart of the boats.

It must have been the Pomegranate
flame!

To: Virginia

Virginia Deluded the Stones

Bored of red and blue and yellow ,

Into the river did she go.

And dark was the night.

Hidden were stones,

In her pockets,

And in her bony cage,

A pomegranate seed .

Into the uphill "River Ouse,"

They flew,

The woman and the stones.

I Sing for the Ants

I Sing for the Ants ,

A song of "Marzieh"'s.

High up on the apple tree

I sing for the ants,

And forget school

The little Green apples though

Do not forget to mature early!

How could a pomegranate turn red?

How would it ripe

The pomegranate?

How could it turn red

In the vast emptiness

In this dry, yellow land?

Here

No regrets!

No regrets if there beside you

I have not lived!

As I have died here

To the full!

Lighter than Butterfly Wings

I have become

So light,

Lighter than Butterfly Wings

Infact,

That a breeze

Is enough

To banish me

From the four corners of the world!

Out of Love for Immortality

Dead we are.

Dead;

Longing for immortality.

Bewildered is

The mundane wisdom!

Like Freshly Brewed Tea

Blistered is the air.

Hot

Is the look in your eyes!

Hot

Like freshly brewed tea.

You little fox!

Your innocent rapaciousness

Shames the gods!

Your name is never to be forgotten

Nor your memory… never to be rotten!

Oh, Smurzynski

I will never say goodbye…

Never say goodbye!

In your land, and in mine

Yes, in my land too

All the Kāshān roses know your name,

So does the bitter wine of Shirāz

And the days

"Gone with the wind"

Will never return...

But glow, yes glow you do

In the dark of the nights

Among the shadows

You glow, glow

Lit is your fireplace still

Lit by the fire in you!

The everlasting fire!

Krakow cries for you.

No more dawns for you

And no roosters to sing

Cock-a-doodle-do!

And in your eyes

Fast shut

Sparkles

Will no longer be.

Alas! How short-lived was your day !

And how untimely was your farewell!

And the grapes of Krakow weep

They miss the vine

The vine in your hands!...

The whole nature mourns your death

Such a great loss

To trees, and apples, and the moon

To: Marek Smurzynski

I Won't Say Goodbye

Without you here
There is an empty space
Here, in the city of red roses.

O, Smurzynski!
Longer than the Milky Way
Is the path to the land
Of no return
And the moon weeps
The ancient witness, the only one!

Index

Poet's Brief Biography

Soheila Saremi earned her Ph.D. in Persian Language and Literature from Tehran University. She currently lives in the United States of America where she continues to work as a Persian professor. She has published various books and essays on Persian Literature (classic and modern). Her first poetry collection, *Taqvim* (The Calendar), was published in 2002 by Caravan Books, Tehran. Since then, her poems have been published in different poetry collections and journals.

Poet: Soheila Saremi
Translated Poems by: Roja Khodaparast
Cover by: Rojin Khodaparast
Publisher: Supreme Century
United States of America
ISBN: 9781939123183
2013
(www.asanashr.com)

© 2013 Soheila Saremi

All rights reserved.

This Dark Cat

Soheila Saremi

Translated poems

By Roja Khodaparast